# LE DÉFICIT

# ET LES NOUVEAUX IMPOTS

PAR

PAUL DE GASPARIN,

Ancien Député.

*Août 1849.*

Le ministre des finances a présenté le budget de 1850 à l'Assemblée législative, dans la séance du 3 août, et un projet de loi portant établissement en 1850 d'une taxe sur le revenu, dans la séance du 10 août.

L'examen de la situation financière et des ressources qu'on peut attendre de l'établissement de nouveaux impôts, doit en effet être simultané. La taxe sur le revenu comme toute nouvelle taxe, doit résulter de l'absolue nécessité de subvenir aux charges publiques. Avant donc d'entrer dans la discussion du projet de loi proposé par M. Passy, pour naturaliser en France *l'income-tax*, nous devons nous rendre compte avec lui des besoins réels du trésor.

Avant tout, qu'on nous permette de le dire, nous éprouvons une véritable satisfaction, après tous les mensonges, les sophismes, les fausses évaluations, en un mot tout cet attirail d'incapacité et de mauvaise foi, contre lequel nous avons dû lutter, et que nous avons dû démêler en 1848, à nous trouver enfin vis-à-vis d'un esprit droit et ferme, qui, s'il ne dit pas tout, ne barre jamais le chemin à la vérité, et qui vous fournit lui-même les données les plus sûres pour compléter ou combattre sa pensée.

Voici le résumé de la situation financière :

Le découvert à la fin de 1849 sera de 550 millions au moins, car, on n'a pu encore apprécier le chiffre des crédits supplémentaires applicables à cet exercice.

Le budget de 1850 se présente avec les chiffres suivans :

| | |
|---|---|
| Dépenses. . . . . . . . | 1,591 millions. |
| Recettes. . . . . . . . | 1,271 |
| Déficit. . . . . . . | 320 millions. |

Mais le déficit qui n'est que trop réel, est grossi par l'effet de la comptabilité en usage, je m'explique.

Le chiffre de 1,591 millions, qui résume les dépenses, se décompose ainsi qu'il suit :

| | | |
|---|---|---|
| Service ordinaire. . . . . . . . | | 1,343 millions. |
| Travaux extraordinaires . . . . | | 103 |
| Amortissement. | Dotation . . | 66 |
| | Rentes . . . | 79 |
| Total. . . . . . . . . | | 1,591 millions. |

Or, depuis très-longtemps, les rentes de l'amortissement ne servent pas à autre chose qu'à acquitter les dépenses ordinaires ; en fait, elles sont à la fois en recette et en dépense, et devraient figurer ainsi au budget. Quand donc M. Passy propose l'annulation des rentes de l'amortissement, et le transport du produit de la dotation au budget des recettes de 1850, il prend une mesure de comptabilité utile ; mais en raison des circonstances, il nous est impossible d'y voir autre chose. Il y a longtemps que, pour notre compte, nous

avons fait cette opération en faveur de nos lecteurs,
afin de leur éviter les nuages que jettent dans l'esprit
ces *contre-passes* de notre budget.

Il suit de là que la situation réelle du budget présenté pour 1850, est celle-ci :

Dépenses. . . . . . . . 1,446 millions.

Recettes . . . . . . . . 1,271
_______________

Déficit prévu. . . . 175 millions.

Si on ajoutait à ce chiffre 55 millions, moyenne
annuelle prise sur 14 années des crédits supplémentaires et extraordinaires, le déficit de 1850 pourrait
être évalué assez exactement à 230 millions.

Ainsi, un découvert de 550 millions à la fin de
1849 et un déficit de 230 millions en 1850, telle est
l'expression la plus exacte de notre situation financière.

Examinons maintenant par quels moyens le ministre des finances entend faire face à cette situation.

Les ressources de la dette flottante
ne peuvent masquer sur le découvert
de 1849, que. . . . . . . . . . . . 350 millions.

Pour les 200 millions restant sur
ce découvert, M. Passy propose de
contracter un emprunt de pareille
somme, de . . . . . . . . . . . . 200

Pour le montant des travaux extraordinaires, il demande l'autorisation d'é-
mettre des obligations sans échéance
fixe, remboursables par les ressources
d'un amortissement spécial et au cours
moyen du mois de l'émission, ci. . . . 103

Enfin, il propose des impôts nouveaux pour. . . . . . . . . . . . . 79
_______________

Total. . . . . . . 732 millions.

Nous croyons ces ressources insuffisantes, et nous estimons l'insuffisance 50 millions, parce qu'on n'a pas tenu compte des dépenses qui se produisent en dehors des prévisions du budget ; mais ce serait déjà une œuvre, suffisant à honorer un ministre des finances, que d'avoir su trouver dans une seule année et dans les temps difficiles que nous traversons, des ressources de cette importance par le crédit et par l'impôt.

Les ressources actuelles de la dette flottante nous paraissent exactement appréciées ; nous n'y insistons pas. Nous pensons aussi qu'il n'y a pas d'autre voie que l'emprunt pour solder le découvert de 1849. Certainement nous voyons avec un profond regret la dette publique s'accroître rapidement par les appels au crédit fait dans les circonstances actuelles, et nous aurions préféré toute autre voie pour libérer le trésor. Nous sommes convaincus que l'aliénation d'une partie du domaine aurait été possible, moins onéreuse au trésor et beaucoup plus facile peut-être qu'on ne le suppose, car elle aurait procuré l'emploi de beaucoup de capitaux inactifs qui n'osent pas, en raison de l'instabilité de nos institutions, s'engager dans les entreprises industrielles et commerciales, et qui viennent s'entasser dans les caves de la Banque ou dans les caisses particulières ; mais aujourd'hui il est trop tard : il faut 200 millions à court terme, et on ne peut les demander qu'à l'emprunt. Espérons que les capitalistes, démêlant au milieu des agitations et des prévisions sinistres, les grands élémens de prospérité qui existent dans notre pays, répondront à l'appel du ministre des finances.

Quant au budget de 1850, nous ne saurions trop approuver M. Passy d'avoir proposé un moyen de limiter les dépenses des travaux extraordinaires ; il a trouvé cette limite dans le crédit même ; on fera des travaux pour le montant des obligations émises par le Trésor ; seulement, il faut en tirer cette conséquence rigoureuse, que si le crédit est faible ou nul , on ralentira ou on supprimera les travaux. Sans cette résolution bien arrêtée, la mesure est puérile. Avec cette résolution arrêtée , nous l'approuvons ; car nous n'en sommes pas à chercher la perfection, mais la décision et la fermeté dans l'exécution d'un plan de conduite.

Nous acceptons donc, et nous conseillons d'accepter et d'appuyer énergiquement le projet de M. Passy. Nous ne nous en dissimulons pourtant pas les inconvéniens. Il est fâcheux en matière de travaux publics de n'être pas fixé, dès le début de la campagne , sur l'importance des crédits dont on pourra disposer , et le système proposé est un véritable emprunt continuellement ouvert, qui tendra à accroître la dette publique dans des cours très-bas. Or, nous pensons que le pays a le droit de se défier beaucoup d'un raisonnement qui a passé à l'état d'axiome dans la langue politique, et qui n'est pourtant qu'un sophisme, et un sophisme très-dangereux.

En consommant par l'emprunt les ressources de l'avenir, on ne manque jamais de dire qu'on travaille pour l'avenir, et qu'il est juste de faire payer à l'avenir les œuvres dont il doit profiter. Cela n'est pas vrai, on travaille pour le présent, on veut donner de l'occupation aux ouvriers, on craint de licencier les ateliers, et on se décide souvent par une sage politique, plus souvent encore par faiblesse, à dépenser dans ce but les ressources de l'avenir ; et cela est si vrai, qu'on n'entend pas certainement travailler pour l'avenir quand on dépense un capital qui charge la dette publique d'un intérêt de 7 à 8 p. 0[0, quand le bénéfice du travail exécuté ne saurait s'élever au-delà de 4 ou 5 0[0. Si l'avenir pouvait être consulté à ce sujet, on peut être certain que son opinion ne serait pas douteuse.

Restent les nouveaux impôts proposés par le ministre des finances et qui figurent pour 79 millions dans les ressources du budget. Avant d'entrer dans leur examen, nous déclarons de toute la force de nos convictions que, quels qu'ils puissent être, ils seront cent fois plus lourds et plus insupportables pour le pays que la taxe du sel. Nous ne comprenons donc pas comment on hésite à en proposer le rétablissement. M. Passy, avec une décision qui l'honore, propose le maintien de l'impôt des boissons. La perception de l'impôt du sel est toute organisée ; elle n'a rien de vexatoire, elle est beaucoup moins impopulaire, quoi qu'on en dise, que celle de l'impôt des boissons ; enfin, et par dessus tout, il est prouvé que le déficit sur les recettes de la taxe du sel dépassera 40 millions en 1849. On peut en conclure hardiment que la réduction a été sans influence sensible sur la consommation, et nous ne craignons pas d'affirmer que la consommation sera moindre en 1850 qu'en 1849, parce que les approvisionnemens ont été complétés en 1849, et seront réglés en 1850. La question est donc jugée pour tous les esprits impartiaux ; elle est indifférente à la grande majorité des consommateurs. Le premier devoir d'un ministre des finances nous semble donc, avant de procéder à la création, toujours difficile et périlleuse, de nouveaux impôts, de rétablir ceux dont le pays est accoutumé à supporter le poids.

Dans tous les cas, serait-ce trop demander à ceux qui ne sont pas encore désabusés sur les fabuleuses assertions des adversaires de l'impôt du sel, que de leur proposer le rétablissement de l'impôt, dans le cas où le chiffre de la consommation ne dépasserait pas, en 1850, de 25 0₁0 celui de 1845, par exemple. Ceux qui sont dans l'illusion, comme M. Demesmay, ne sauraient hésiter à accepter ce marché ; ceux qui ne sont pas dans l'illusion, ne sauraient hésiter à rétablir l'impôt.

Mais, même en rétablissant l'impôt du sel, il reste à pourvoir, pour équilibrer le budget des recettes et le budget des dépenses ordinaires, à une insuffisance de ressource de 85 millions; en effet, le déficit étant de 230 millions, en distrayant :

Les dépenses extraordinaires, soit. . 103 millions.

Les ressources du rétablissement de l'impôt du sel . . . . . . . . . . . . 42

Total. . . . . . . . . 145 millions

Il reste encore un déficit de 85 millions.

M. Passy propose d'établir une taxe personnelle de 1 p. 0[0 sur le revenu net de chaque contribuable, passible, d'après la loi de 1836, de trois journées de prestation ; c'est-à-dire, en nous servant des termes mêmes de la loi de 1836, sur tout habitant, chef de famille ou d'établissement , à titre de propriétaire, de régisseur, de fermier ou de colon partiaire, porté au rôle des contributions directes. Le produit de cet impôt est évalué par le ministre à 60 millions pour la première année.

Une première réflexion frappera nos lecteurs : l'impôt proposé est tout-à-fait différent dans son assiette de la taxe anglaise sur le revenu. La taxe sur le revenu en Angleterre est un véritable impôt somptuaire; elle n'atteint que les revenus supérieurs à 150 livres sterlings, soit à 3,750 francs ; elle ne s'adresse donc qu'à une très-petite partie des contribuables. Aussi, malgré les clameurs soulevées contre cet impôt qui s'élève à près de 3 p. 0[0 du revenu, il a été impossible d'émouvoir contre son application la masse du pays. Nous voulons bien faire honneur en partie de cette soumission au respect scrupuleux de la race anglo-saxonne pour la loi; mais nous ne croyons pas nous tromper en affirmant qu'elle tient beaucoup à l'assiette de l'impôt. Ainsi, nous regardons un premier point comme établi, quel que soit la ressemblance entre *l'income-tax* et le nouvel impôt proposé par le ministre des finances, quel que soit l'analogie des bases et des formes de la perception; les effets politiques et économiques des deux impôts seront complètement différens, par ce seul et grand fait que l'impôt anglais est une taxe somptuaire, et l'impôt proposé en France, une taxe générale.

Quelque sérieuses que puissent être les conséquences de l'aggravation des charges imposées à tous les habitans portés au rôle des contributions directes, un premier point domine toute la question, la possibilité de combler le vide des recettes; comme s'exprime M. Passy, n'existe-t-elle qu'à cette condition ? ou, en d'autres termes, est-il nécessaire que la taxe sur le revenu aille fouiller jusqu'à la dernière limite de la contribution directe, pour fournir au trésor toutes les ressources qu'il est en droit d'en attendre ?

Examinons les faits :

Voici le tableau de la taxe sur le revenu en Angleterre.

| **NATURE**<br>des revenus imposables. | PROPORTION<br>de la Taxe | ÉVALUATION<br>des<br>revenus imposés. | PRODUIT<br>de la Taxe. |
|---|---|---|---|
| Revenus du propriétaire fon-<br>foncier . . . . . . . . . | 2 92 p o⟋o | 2,815 millions. | 65 millions. |
| Bénéfices d'exploitation . . | 1 42 | 572 — | 8 — |
| Rentes sur l'État. . . . . . | 2 92 | 635 — | 19 — |
| Revenus industriels . . . , | 2 92 | 1,506 — | 44 — |
| Revenus des fonctionnaires<br>publics . . . . . . . . . | 2 92 | 287 — | 8 — |
| Totaux. . . . . . | | 5,815 millions. | 144 millions. |

Remarquons d'abord avec quelle prudence le gouvernement anglais a procédé ; non-seulement il a
soustrait à l'impôt les revenus inférieurs à 3,750 fr.,
chiffre qui constitue déjà une honnête aisance, mais
encore il a réduit à moité la charge de l'impôt sur
la classe si influente en Angleterre des fermiers; il
n'a saisi fortement que le propriëtaire non exploitant,
les rentiers, les fonctionnaires et les revenus industriels; encore a-t-il usé d'une grande modération dans
l'estimation de cette dernière classe de revenus.

Avec et malgré ces précautions, le produit de la
taxe a atteint, il y a deux ans, le chiffre de 144 mil-
lions, dépassé aujourd'hui. Une taxe de 1 p. 0|0 uni-
forme, établie sur les mêmes bases, aurait produit en
Angleterre 58 millions, c'est-à-dire à très peu de
chose près, ce que M. Passy attend de l'impôt qui
doit peser en France sur tous les contribuables.

Une autre remarque importante à faire, c'est que
dans ce pays où le commerce et l'industrie ont pris
un si prodigieux développement:

L'agriculture fournit 50 p. 0|0 du produit de la
taxe ; les fonctions publiques et la rente 19 p. 0|0 ;
le commerce et l'industrie 31 p. 0|0 seulement.

Nous terminerons cette courte analyse de la taxe
sur le revenu en Angleterre, par une dernière obser-
vation que nous aurons à rappeler plus loin.

M. le ministre des finances, dans son exposé des
motifs, en évaluant à 60 millions le produit de la taxe
en 1850, en donne pour preuve l'assertion suivante :
« Le revenu brut de la France est supérieur de beau-
« coup à 6 milliards, et le revenu net pris sur l'en-
« semble du pays, n'est autre chose que le revenu brut. »

La doctrine économique de M. Passy est incontestable ; mais est-elle de mise dans l'application
particulière qu'il propose ; nous ne le pensons pas.
Il faudrait pour qu'il en fût ainsi, que tous les citoyens qui ont pris cette part du revenu brut, qui, dé-

pensée en salaires, en construction de machines ou de bâtimens, forme pour chaque contribuable en particulier, la différence entre le revenu brut et le revenu net, fussent soumis pour cette part à l'application de l'impôt. Il est évident qu'en Angleterre, il n'en est pas ainsi. Tout individu ayant moins de 3,750 fr. de revenu net, étant soustrait à l'impôt, on peut dire que la presque totalité de ce que chaque citoyen appelle ses frais (la différence entre le revenu brut et le revenu net) échappe à l'application de l'impôt. Aussi, le revenu brut du royaume uni étant estimé d'après les dernières évaluations, à 18 milliards environ, le revenu soumis à l'application de l'impôt n'est que de 5 milliards 800 millions, c'est-à-dire un peu moins du tiers du revenu brut.

Venons à la France : le revenu brut du domaine agricole est estimé par les statistiques du ministère du commerce, à 4,600 millions ; l'impôt foncier est de 280 millions, et il est établi que l'impôt foncier prend au moins le dixième en moyenne du revenu des contribuables. Le revenu foncier auquel s'applique l'impôt foncier est donc de 2,800 millions au plus. Le surplus du revenu brut échappe à l'impôt foncier, et échappera par conséquent à l'application de la taxe sur le revenu. Profitant d'un travail remarquable, publié par M. Cochut, dans la *Revue des Deux Mondes* (livraison du 1ᵉʳ janvier 1849), nous compléterons assez approximativement l'estimation des revenus qui peuvent être saisis par le nouvel impôt.

| | |
|---|---|
| Revenu foncier . . . . . . . . . . . | 2,800 millions. |
| Revenus commerciaux et industriels. . . . . . . . . . . . . . | 1,650 — |
| Revenus des professions libérales. | 350 — |
| Revenus des appointemens, pensions, etc. . . . . . . . . . . . . . | 450 — |
| Revenus des capitaux et placemens | 750 — |
| Total général de revenu imposable. | 6 milliards |

Certainement, comme le dit M. le ministre des finances, le revenu brut de la France est très-supérieur à ce chiffre, et nous ne craindrions pas, quant à nous, de l'évaluer au double. Quoi qu'il en soit, quand l'application de l'impôt sur le revenu sera arrivée à sa perfection, il ne pourra pas saisir au-delà du total que nous venons d'exprimer.

L'impôt de 1 p. 0⁄0 sur le revenu sera donc très-loin d'atteindre le chiffre de 60 millions dès la première année. L'exemple de l'Angleterre établit clairement que le tiers des revenus imposables échappe dans les premiers temps de l'application, et les rectifications des rôles ne sauraient êtres faites avec trop de ménagemens et de prudence quand on entre dans une appréciation aussi délicate que celle de la fortune réelle de chacun.

Il faut ajouter que notre estimation du revenu comprend en France plusieurs articles très-rebelles à la taxation; nous les énumérons :

Profits des professions libérales. . .  360 millions.
Traitemens des employés particuliers. 200
Créances hypothécaires. . . . . . .  500
Actions industrielles. . . . . . . .   40

Total. . . . . . . 1,100 millions.

Nous pensons donc que c'est s'avancer beaucoup que d'évaluer à 40 millions en 1850, en y comprenant même la taxe sur les domestiques, le produit du nouvel impôt proposé par le gouvernement, en 1850.

Voyons en maintenant les avantages et les inconvéniens. Nous rendrons d'abord à M. Passy la justice qu'il mérite. Il s'est dévoué à la tâche difficile de tirer la France de la déplorable situation financière où elle se trouve placée, et, pour atteindre ce noble but, il est sorti résolument et avec bon sens du régime des expédients. Dans l'administration de la fortune de l'État, comme dans celle d'une fortune privée, il faut égaler les recettes aux dépenses annuelles. Les dépenses publiques ne pouvaient être reduites au-dessous d'une certaine limite; il a dû proposer d'élever les recettes jusqu'à cette limite. L'impôt sur le revenu est un des nouveaux et indispensables élémens de cet équilibre, et c'est un devoir pour tous les véritables amis du pays de venir à l'aide du gouvernement et de convaincre les contribuables de la nécessité absolue de cette nouvelle charge.

Bien plus, M Passy est rentré, selon nous, dans la vérité pratique, le jour où il a renoncé à la combinaison singulière inventée par M. Goudchaux, qui ne s'adressait qu'aux revenus mobiliers, obligeait ainsi à un décompte compliqué pour établir la position de chaque contribuable, asseyait, à proprement parler, sur les nuages une partie importante du revenu public, et enfin, pour échapper aux impossibilités d'application de ces bases métaphysiques, convertissait l'impôt de quotité en un impôt de répartition.

Mais l'honorable M. Passy est tombé dans un autre écueil, un écueil politique, s'il est permis de s'exprimer ainsi, et, pour le prouver, nous n'avons qu'à mettre en regard les faits et les paroles même de l'exposé des motifs. Nous y lisons cette phrase :

« L'impôt foncier touche à ses limites extrêmes et » des faits récents attestent quels dommages occasion- » nerait la *plus faible augmentation* des charges aux- » quelles il soumet les contribuables. »

Or, si l'on veut se reporter au tableau que nous avons présenté, le revenu foncier entre pour moitié dans les revenus auxquels est applicable le nouvel impôt; et si l'on réfléchit que dans un pays beaucoup plus industriel, l'Angleterre, le revenu foncier entre exactement pour la même proportion dans le total des revenus atteints par *l'income-tax,* on sera porté à trouver notre évaluation excessivement modérée. Il est donc incontestable que la taxe sur le revenu, s'établissant avec certitude sur la propriété foncière, va demander dès le début 28 millions au revenu foncier, soit 10 centimes additionnels au total de la contribution foncière, en d'autres termes, 17 centimes au moins additionnels au principal. C'est là la signification très-fidèle de la nouvelle taxe dans son application aux revenus fonciers. Voilà ce qu'on fait, tout en craignant d'occasionner la plus légère augmentation des charges qui pèsent sur le contribuable foncier. Il ne faut pas croire que le nouveau nom donné à la chose, pourra en masquer la portée aux yeux des contribuables ; ce serait se tromper gravement. La perception et les versemens se feront de la même manière et aux mêmes époques que pour l'impôt foncier. Tous les propriétaires et cultivateurs diront : on nous a mis 17 centimes additionnels.

Nous partageons trop l'opinion de M. Passy sur le danger d'augmenter la charge générale qui pèse sur les revenus fonciers , pour pouvoir envisager sans effroi les conséquences de l'application de l'impôt.

Dans les conditions où se trouve la France pour pouvoir percevoir avec quelque sécurité un accroissement de l'impôt direct, il faut que la masse soit désintéressée dans cet accroisement; il ne faut pas que les partis puissent trouver, dans la lésion d'intérêts trop nombreux, le point d'appui qui leur est nécessaire pour agiter le pays. Il faut faire ce qu'a fait l'Angleterre, ce pays si éminemment pratique : il faut un minimum de revenu au-dessous duquel on échappe à l'application de l'impôt.

Nous savons les objections économiques qu'on oppose à ce système; elles ont été répétées à satiété et ne sont pas toutes sans fondement. Mais il faut se défier de l'absolu des doctrines économiques dans leur application aux faits et en présence des passions humaines.

Du reste, même en langage scientifique, il ne faut rien exagérer. Non, l'exemption d'une taxe au-dessous d'un certain chiffre de revenu et la taxe proportionnelle au-dessus de ce chiffre, ne ressemble pas et ne conduit pas à l'impôt progressif; elle ressemble aux exemptions, décharges et remises que le trésor est obligé à faire annuellement autant par prudence que par humanité; elle existe en principe dans nos usages administratifs; elle existe en fait et en droit pour tous les citoyens qui ne sont pas inscrits d'après le texte même de la nouvelle loi proposée au nombre des contribuables passibles des trois journées de prestation : Il s'agit seulement d'étendre cette catégorie : c'est de l'humanité et de la prudence politique, pas autre chose, nous le répétons.

Sans doute, dans l'application de l'impôt foncier il est impossible de distinguer entre les parcelles, quand une imposition repose sur le cadastre du sol, la fréquence des partages et des réunions des parcelles s'oppose absolument à toute remise en principe. Il n'en est pas ainsi dans un impôt personnel, et il suffit qu'il n'en soit pas ainsi, pour qu'on doive considérer à la fois la situation des personnes, les nécessités politiques et les besoins du Trésor.

Quelles sont donc les bases sur lesquelles on devra établir la perception de l'impôt, pour satisfaire autant que possible à ces conditions. Ainsi que nous l'avons vu, *l'income-tax* en Angleterre, en n'atteignant que les revenus annuels supérieurs à 3,750 fr., donnerait pour une imposition de 1 p. 0|0, 58 millions de produit. Certainement, le revenu moyen est plus élevé en Angleterre qu'en France et la répartition des fortunes est très différente; mais on commet une erreur bien grave quand, comme certains publicistes, on veut exprimer cette différence en termes absolus, et conclure qu'en posant chez nous une limite inférieure à l'application de l'impôt, on ferait disparaître le revenu du trésor.

Prenons le tableau de nos cotes foncières ; on y trouve :

10 millions de cotes au-dessous de 100 fr., rendant au trésor 142 millions ;

105 mille cotes au-dessus de 100 fr., rendant au trésor 138 millions.

Et, comme le nombre des cotes est à peu près le double de celui des contribuables, on peut dire très approximativement, que 5 millions de contribuables paient la moitié du foncier, et 52 mille contribuables l'autre moitié.

D'après les bases que nous avons adoptées pour établir le revenu foncier imposable, une cote de 100 francs, représente 1,000 fr. de revenus; et si l'on veut considérer que le nombre des cotes étant double de celui des contribuables, beaucoup de contribuables réunissent nécessairement deux ou plusieurs cotes. Si l'on ajoute qu'un grand nombre d'autres joignent au revenu territorial un revenu en rente, en salaires de l'État, en bénéfices industriels et commerciaux, en professions libérales, et que l'importance de ces revenus atteint presque le revenu territorial, s'il ne le dépasse, pour les contribuables justement qui paient au-delà de 100 fr. de contribution foncière, on partagera notre conviction qui est complète, à savoir qu'en limitant à 1,500 fr. le chiffre du revenu qui serait atteint par la nouvelle taxe, et en élevant le taux de la taxe à 2 p. 0[0 du revenu, on sera certain de trouver le produit que le ministre des finances attend de l'application du nouvel impôt, et on le trouvera dans les conditions les moins dangereuses pour la paix publique et les plus sûres pour le recouvrement ; car on ne s'adressera qu'au centième des contribuables. Les rôles seront dressés avec beaucoup plus de rapidité et d'exactitude; le revenu réel pourra être soumis à un contrôle sérieux, et un prélèvement de 30 fr. sur un revenu parfaitement net de 1,500 fr., ne sera pas trop lourd pour le patriotisme de la classe la plus éclairée des citoyens, qui seront du reste bien plus sérieusement affectés par la nécessité de faire en quelque sorte l'inventaire public de leurs ressources que par la quotité de la taxe.

Oui, nous ne croyons pas trop présumer de cette partie de la société française, si injustement accusée, si brutalement menacée dans un passé encore bien près de nous, en pensant qu'elle saura comprendre à la fois dans cette circonstance son devoir et son intérêt.

Nimes.— Typ. BALLIVET ET FABRE, rue de l'Hôtel-de-Ville, 11.

www.ingramcontent.com/pod-product-compliance
Ingram Content Group UK Ltd.
Pitfield, Milton Keynes, MK11 3LW, UK
UKHW021724130726
13696UKWH00006B/2528